L'ÉGLISE

ET LA

RÉVOLUTION

COMPARÉES DANS LE PRINCIPE GÉNÉRATEUR DE LEUR POLITIQUE

L'ÉGLISE

ET

LA RÉVOLUTION

COMPARÉES DANS LE PRINCIPE GÉNÉRATEUR DE LEUR POLITIQUE

PAR

M. l'abbé J. ALBRAN

Aumônier du Collége d'Alais

PRIX : 50 CENTIMES

ALAIS
TYPOGRAPHIE J. MARTIN
Rue Bridaine, 4, et rue Dumas, 5
1874

L'ÉGLISE

ET

LA RÉVOLUTION

Comparées dans le principe générateur de leur politique

Au moment où les deux grandes puissances sociales se trouvent en présence pour se livrer un combat qui paraît devoir être définitif, d'un côté l'Eglise, de l'autre la Révolution, il me semble que le devoir de tout homme soucieux des suprêmes intérêts de la patrie, est d'apporter son contingent de lumières et de preuves, si faible soit-il, à la thèse capitale du présent et de l'avenir.

Cette thèse peut se formuler ainsi : la société en général, la France en particulier, n'a de salut que dans l'Eglise catholique. La Révolution est son ennemie mortelle.

L'Eglise et la Révolution ont des doctrines politiques diamétralement opposées. Il nous est impossible pour le moment d'en examiner tous les détails. Nous nous attacherons à mettre en évidence leur principe générateur, convaincu que la lumière du principe rejaillira jusque sur les conséquences.

Or, la Révolution personnifie l'athéisme social, et l'athéisme social se cache, car il lui reste encore quelque pudeur, sous le manteau de la souveraineté du peuple, entendue comme la source première et exclusive de l'autorité politique. L'Eglise oppose à cette théorie subversive le droit divin dont elle est l'expression autorisée; et, avec juste raison, elle se présente aux peuples comme le type suprême de l'ordre social, de même que la Révolution représente fatalement l'anarchie et le despotisme qui en résulte.

Tel est l'objet de cette étude ou plutôt de cet essai uniquement entrepris dans le but d'être utile à tous, selon la faiblesse de mes moyens, mais avec la force de la vérité.

§ Ier

La souveraineté du peuple ou l'athéisme social, condamnée par la raison

Cette souveraineté du peuple qui serait à elle-même sa cause, sans nul rapport avec Dieu, ferait de la société une réunion bizarre de dieux indépendants et jaloux.

Oui, une réunion de petits dieux, puisque tout homme est supposé être le principe de sa portion d'autorité; oui, de dieux indépendants, puisque, pour ne pas être illusoire, la souveraineté implique nécessairement cet attribut.

Or, dans l'hypothèse révolutionnaire, l'on se demande comment s'exercera le pouvoir populaire dont on fait tant de bruit.

Mais, c'est tout simple, répondent nos *ultra!* — Le peuple souverain nommera un délégué qui sera le gérant de ses affaires et de ses intérêts.

A merveille! Alors de ces trois choses l'une : Le représentant de la nation souveraine sera dans une position sociale ou supérieure, ou égale, ou inférieure à celle des autres membres de la communauté. Si sa position est plus élevée, dans ce cas la souveraineté du peuple sera lésée par les droits plus étendus d'un seul; s'il s'agit pour l'heureux administrateur de la chose publique d'un rang égal, la pondération des pouvoirs sera dans une mesure parfaite, mais tellement parfaite qu'il n'y aura pas d'administration possible; si vous parlez de situation inférieure, alors c'est la souveraineté d'un seul qui est violée par l'usurpation de tous. Et voilà, dans cette triple hypothèse, la souveraineté du peuple réléguée au rang des chimères.

Faut-il s'en étonner ? L'autorité révolutionnaire est une autorité contre nature, en dehors de l'ordre social. Tout ordre, en effet, se compose de deux éléments essentiels : la variété d'où naissent les rapports des choses et l'unité qui coordonne ces rapports. En Dieu, l'Ordonnateur suprême, nous trouvons, au plus haut degré, les principes constitutifs des êtres : l'unité absolue de nature et la variété de rapports subsistants. L'homme, image du Créateur, nous offre, même à le considérer dans son existence absolue, l'unité indivisible du *moi*, qui exprime tout ce qu'il est, et la variété des puissances de son âme. A plus forte raison, si nous envisageons son être relatif, la place qu'il occupe dans l'ensemble universel : là, aux confins de deux mondes, entre la substance angélique et l'être purement matériel, il fait l'unité dans l'ordre total; il coordonne, par l'union hypostatique de l'esprit et de la matière, les gradations infinies qui composent l'échelle des êtres.

Dans la société, réunion des individus et des familles, on doit s'attendre à une variété prodigieuse. Elle résulte de la diversité des aptitudes, des intérêts et des passions qui les excitent — des passions surtout dont le caractère se révèle par une activité violente. Ici, plus que jamais, l'unité est nécessaire pour utiliser les aptitudes, régler les intérêts, modérer ou réprimer les emportements des passions. J'ai nommé le pouvoir social.

L'action vitale du pouvoir est donc de subordonner toutes les forces qui s'agitent en sens contraire au sein d'une nation. Supprimez cette hiérarchie des forces sociales, et du même coup vous rendez impossible l'exercice de l'autorité.

Bossuet nous le fait entendre dans son magnifique langage : « La justice n'a de soutien que l'autorité et la subor- » dination des puissances. Cet ordre est le frein de la » licence. Quand chacun fait ce qu'il veut et n'a pour règle » que ses désirs, tout va en confusion. » — Et un peu plus loin : « Où tout le monde veut faire ce qu'il veut, nul ne » fait ce qu'il veut... où tout le monde est maître, tout le » monde est esclave. » (*Politique de l'Ecriture sainte*, art. 3.)

Et n'est-ce pas précisément la situation que fait naître l'athéisme révolutionnaire, masqué sous la souveraineté du peuple ? Tous et chacun ayant un droit absolu au gouvernement politique, étant même la source immanente de ce droit, il est bien évident qu'il n'y aura point de subordination de puissances, point d'unité dans la direction, et finalement point d'autorité. Ce sera le règne des désirs sans frein, le règne de la licence et de la confusion.

Impossible dans son exercice, la souveraineté du peuple est encore illogique dans son existence.

En effet, en supposant qu'on pût expliquer comment le pouvoir s'exercera et vivra dans une société qui aura mis Dieu hors la loi, il resterait une seconde question à élucider. Cette question serait celle-ci : Pourquoi un pouvoir quelconque dans cette société? A quoi bon un gouvernement, si libéral que vous le supposiez.

Il y a quelques années, dans un Congrès ouvrier tenu à Bâle, une motion fut portée par un des membres, un certain M. Goëg, dans le but de faire adopter, par l'illustre assemblée, l'idée nouvelle, à coup sûr, de ce qu'il appelait le *gouvernement direct*, gouvernement des masses par les masses, sans représentation, sans intermédiaire, sans délégation. Utopie insensée, vous écrierez-vous! Mais enfin ces utopistes-là, même dans les rêves creux de leur politique, me paraissent bien plus logiques que tant d'autres rêveurs attachés à certaines formes de gouvernement, quand ils rejettent l'idée divine qui, seule, les légitime et les consacre.

Toutefois les ouvriers de Bâle s'arrêtaient en chemin et mal à propos. Un autre Congrès sera tenu sans doute qui, faisant le dernier pas, proclamera comme unique loi politique pour tous et chacun, la loi du plus fort ; car, pourquoi parler de souveraineté, voire même de souveraineté du peuple ? Tout se tient dans l'ensemble des choses. Le temple universel bâti de la main de Dieu est ordre et harmonie ; parce que l'homme n'en embrasse pas d'un seul coup-d'œil la vaste ordonnance et qu'il ne saisit pas les rapports des parties avec le tout, il s'imagine, en son pauvre cerveau, qu'il lui sera permis de toucher à la clef de voûte, à la pierre angulaire, sans que le majestueux édifice en souffre. Cette pierre une fois ébranlée, puis détachée, il faut que le temple croûle et que l'homme et la société soient ensevelis sous ses ruines. Vous supprimez Dieu, et vous venez, ce beau fait accompli, nous présenter un programme politique quelconque !

Souveraineté du peuple ! Pour la justifier, vous tous qui, à des degrés divers, vous déclarez partisans de l'athéisme social, ennemis du droit divin, vous n'avez que deux raisons à produire, et toutes deux concluent contre vous. Vous nous dites : que la *nature* de la société ne saurait se passer d'autorité ; que la *force du nombre* dont le peuple est investi consacre sa souveraineté.

Eh bien ! la nature que vous invoquez pour exclure Dieu comme source du pouvoir condamne votre athéisme politique.

Si vous ne vous en doutez pas, Messieurs de la libre-pensée, c'est que vous n'avez jamais peut-être sérieusement réfléchi sur les idées que couvrent ces mots. La *nature* des choses suppose un ordre et une force en vertu desquels chaque être crée, possède et retient les éléments qui le constituent et lui donnent son caractère incommunicable d'individualité.

Et maintenant, comment appellerez-vous l'Être des êtres, auteur et créateur de toute *nature,* de tout ordre, de toute force, de toute individualité ?

Le libre-penseur s'agite et se trouble ; il lui en coûte de nommer Dieu, de le proclamer Auteur et Père de la nature des choses, Auteur et Père des sociétés humaines, Auteur et Père par conséquent du pouvoir qu'il reconnaît être un des *éléments naturels,* constitutifs des sociétés. Il lui en coûte, parce que soutenir cette thèse, c'est renoncer à l'athéisme dont il voudrait faire le fondement de l'ordre politique, c'est renoncer du même coup au système de la souveraineté du peuple considérée comme principe exclusif du pouvoir.

Poussé jusque dans ses derniers retranchements, l'adversaire du droit divin prétendrait-il qu'on n'est pas obligé de recourir à l'idée de Dieu pour expliquer la *nature* des choses, et par suite le pouvoir social ? Mais il faudra, bon gré mal gré, donner une explication, et en dehors de l'idée divine que peut-il y avoir ? Le règne de la nécessité aveugle, le panthéisme ? Ce dernier refuge ne lui est pas même assuré.

Répudiant un Dieu personnel, distinct de l'univers, le panthéiste en compose un de tout ce qui est en acte ou en puissance. Dans cet impie système, Dieu *se fait* dans l'univers et dans l'humanité. Nous voilà, par cette évolution de la libre-pensée, revenus à l'hypothèse déjà refutée du peuple-dieu, dont tous les membres, *souverainement indépendants* auront droit à l'exercice de l'autorité suprême. Ce droit, nous le constatons encore, rend impossible l'exercice du pouvoir qui, supérieur à tous, viole la souveraineté de tous ; inférieur, en est la victime ; égal, en fait une chimère.

J'avais donc raison d'affirmer que pour justifier le dogme de la souveraineté du peuple, la Révolution ne pouvait pas invoquer, sans se contredire, la nature de l'ordre social.

Reste la loi du plus fort. Mais la force est par elle-même une puissance aveugle et inintelligente qui n'explique rien, ne fonde rien ; qui appelle fatalement le trouble, la lutte, la tyrannie tant qu'elle triomphe, l'esclavage dès qu'elle est vaincue.

Jamais une autorité durable ne s'est assise sur la force pure. Tôt ou tard, la tyrannie couronnée, entourée de gros bataillons, se mesure avec des bataillons plus gros encore, et elle a vécu. Et certes, rien de plus nécessaire dans le monde que ces vicissitudes ; car si la force matérielle et brutale parvenait jamais à fonder un empire qui eût de la durée, il faudrait définir l'homme et la société autrement qu'on ne fait : *Servum pecus.*

Je n'ignore pas pourtant qu'une des tendances de notre malheureuse époque le plus nettement accusées est la glorification de la force. Tout un système politique semble vouloir naître de cette formule digne des temps barbares : La force prime le droit ! — Qu'on me permette l'expression, cette formule est l'épitaphe de la dignité humaine, de la noblesse de l'âme, de la foi chrétienne, de la civilisation fille de la foi.

La force prime le droit ! C'est la froide pierre qui scelle le tombeau des races vraiment fortes, des peuples géné-reux, des cœurs en qui vibre la fibre du dévouement, du patriotisme, de l'amour de la liberté, de toutes ces grandes et nobles choses qui composent le plus bel apanage des individus, des familles et des sociétés.

La force prime le droit ! Maxime perverse, dégradante, abrutissante, sans foi, sans amour ! Maxime qui sera la flétrissure de notre xixe siècle et nous aura fait reculer presque par delà le paganisme. Mais vous tous qui l'avez formulée, vous tous qui l'avez applaudie et appliquée, vous avez donc fermé vos oreilles à ce cri de l'indépendance antique, dont un poète connu se faisait l'écho : « *Justum ac tenacem propositi virum impavidum ferient ruinæ. (1)* »

Ah ! très certainement mieux vaudrait s'ensevelir sous les ruines du monde, que de compromettre l'honneur et la justice dans de sanglants et passagers triomphes. La force prime le droit ! C'est l'insulte stupide lancée à la face des martyrs de la foi, de nos chevaliers sans peur et sans reproche, de nos rois s'écriant après une glorieuse défaite : « Tout est perdu, fors l'honneur ! »

C'est un défi jeté au passé, à l'histoire, au caractère de notre noble France, autrefois le plus beau royaume du monde, parce que c'était la terre classique du droit et de l'honneur.

La force prime le droit ! Non, mille fois non ! Car le droit, c'est Dieu, justice souveraine ; et la force, c'est l'homme, malice impuissante.

Le droit, c'est Jésus-Christ, la voie, la vérité et la vie ; la force, c'est Satan, père du mensonge et du néant.

Le droit, c'est l'Église bâtie sur la pierre à laquelle ont été faites les promesses de l'éternité ; la force, c'est la Révolution qui n'a pas même les promesses du temps.

Résumons-nous. La souveraineté du peuple considérée dans le sens révolutionnaire, c'est-à-dire comme unique et absolu principe du pouvoir, est condamnée au nom de la

---

(1) Horace *(Odes)*.

raison comme une impossibilité pratique, puisque, sous
quelque forme que se présente l'autorité, cette dernière
sera toujours la violation de la souveraineté populaire. —
Elle est encore condamnée comme une institution inutile.
En effet, l'idée divine une fois séparée de l'idée du pouvoir,
rien n'appelle, rien ne légitime un gouvernement quelconque. La nécessité ou la nature des choses sans Dieu est
une énigme indéchiffrable; la loi du nombre ou de la force
matérielle sans le droit est la porte ouverte à tous les despotismes d'un jour.

Je viens de dire ce que le peuple n'est pas en politique.
Il n'est point le créateur de la souveraineté gouvernementale. Quant à déterminer ce qu'il est, quel est au juste son
rôle dans la grande question de l'origine et de la transmission du pouvoir, c'est affaire d'opinion.

S'il m'était permis de donner mon avis, je serais tenté de
croire que la vérité est peut-être dans la conciliation des
théories diverses. Je distinguerais entre le privilége dont
le peuple est investi et la mission qu'il doit remplir, son
privilége politique serait le dépôt du pouvoir confié en ses
mains par Dieu, source de toute souveraineté; sa mission
consisterait à *transmettre* l'autorité dont il n'est que le dépositaire. S'il retient le pouvoir, comme dans une démocratie, il n'usurpe pas cependant, mais il laisse incomplète
son existence sociale. L'organisation d'une démocratie
manquant de l'élément le plus nécessaire : d'unité dans
l'autorité, ou n'ayant qu'une unité factice, ne fera jamais
qu'une société non *constituée*, selon l'expression de **M**. de
Bonald. (*Théorie du pouvoir, passim.*)

La société se constitue par la création d'un gouvernement issu d'elle-même, qui s'en distingue toutefois, et qui
lui soit supérieur. Cette opinion aurait en sa faveur le témoignage de l'histoire et des raisons de valeur, tirées du

caractère comme du but même de l'autorité politique. —
L'histoire nous montrerait les rois établis ou légitimés par
le *consentement* des peuples. (*Politique de l'Ecriture sainte,*
liv. 2, 3.)

Le caractère essentiel de l'autorité publique est de *repré-
senter* les intérêts du peuple ; son but de les *servir.*

Ces aperçus suffisent au complément de ma thèse. Il est
temps d'y revenir. — Je crois avoir démontré que le peuple
n'est pas ce que le fait le dogme fondamental de la Révolution : principe premier de l'autorité. Je fais un pas de plus
et, me plaçant sur le terrain de la révélation, j'affirme que
ce principe premier du pouvoir, c'est Dieu.

§ II

**La souveraineté du peuple contredite par l'enseignement
de l'Eglise. — Le droit divin en politique.**

Ce que la raison condamne, l'Eglise, inspirée par la raison souveraine, le Verbe de Dieu, ne saurait l'approuver.
Elle refuse, d'accord avec le bon sens, la souveraineté au
peuple pour l'attribuer à Dieu.

Certes, ce n'est pas qu'elle n'aime point l'humanité d'un
véritable et ardent amour. Sa doctrine glorifie l'homme
au-delà de toute expression. Depuis que le Fils unique de
Dieu s'est fait le Fils de l'homme, elle proclame avec vérité
que le dernier d'entre nous participe à la nature divine, et
dans ses rapports avec la créature intelligente ainsi divini-
sée, elle apporte toutes les délicatesses, tout le dévouement, tout l'héroïsme d'une mère. Mais on ne la verra
jamais dépasser dans la louange ou dans ses actes, la limite
qu'impose la vérité. Elle n'a pas à flatter les masses pour

en faire des instruments dociles à ses visées ambitieuses et égoïstes.

Jamais, dans l'ordre politique, elle ne dira au peuple comme la Révolution : « Tu es roi ! » Jamais elle n'a dit, dans l'ordre religieux, comme l'hérésie : « O peuple, tu es prêtre ! » D'ailleurs l'Eglise catholique ne crée pas la vérité ; elle n'en est que le témoin autorisé et infaillible. Comme son fondateur (Jean 8, 28) assurait qu'il ne faisait que reproduire l'enseignement de Dieu son Père, ainsi le catholicisme affirme que sa doctrine n'est autre que la doctrine du Verbe fait chair. Or, un jour deux hommes se rencontrèrent sur les marches du prétoire romain. L'un était revêtu des insignes de la puissance impériale ; l'autre était un accusé que sa nation voulait condamner à mort. Et entre ces deux hommes dans une situation si différente s'engagea cet étonnant dialogue : — « D'où es-tu ? demandait Pilate, gouverneur de la Judée au nom de l'empereur romain, à Jésus qui se disait le Fils de Dieu, d'où es-tu ? » — Mais Jésus ne répondait pas. Pilate repartit : — « Tu ne parles point ? Ne sais-tu pas que j'ai le pouvoir de te crucifier et aussi le pouvoir de te délivrer ? » — Et Jésus, rompant enfin le silence, répondit : — « Vous n'auriez aucun pouvoir sur moi *s'il ne vous avait été donné d'en haut.* » — Et quelques jours après, l'accusé de Pilate, mort sur un gibet d'infamie, ressuscitait plein de vie et de gloire divine.

La parole dite à Pilate « que le pouvoir est donné d'en haut aux hommes » était donc un oracle, une vérité révélée. Et cet oracle, l'Eglise l'a fidèlement recueilli ; et cette vérité, les apôtres l'ont prêchée aux grands et aux petits de ce monde, comme un frein pour l'ambition et comme un honneur pour l'obéissance.

De là ces éloquentes recommandations de l'apôtre saint

Paul aux premiers chrétiens qui bientôt, sous les feux de
la persécution, allaient donner au monde le sublime specta-
cle d'une race d'hommes alliant au respect des lois l'indépendance et la liberté de la conscience. — « Que toute âme,
» écrit-il aux fidèles de Rome (ch. 13), soit soumise aux
» puissances supérieures ; car il n'y a point de *puissance*
» *qui ne soit* de Dieu ; et toutes les puissances qui sont de
» Dieu *sont dans l'ordre*..... Le *prince* est le *ministre* de
» Dieu pour votre bien...., l'exécuteur de sa vengeance
» pour celui qui fait le mal. »

Le grand apôtre concluait : « Celui donc qui résiste aux
» puissances résiste à *l'ordre de Dieu*, et ceux qui résistent
» attirent sur eux la condamnation. » — Inutile d'énoncer
la restriction inclue dans ces maximes, restriction que lui-
même, l'ardent propagateur de l'Evangile, devait un jour
signer de son sang. Cette réserve avait été faite par le Maître quand il traça en deux mots le programme de nos rapports avec les deux puissances spirituelle et temporelle :
« Rendez à César ce qui appartient à César, et à Dieu ce qui
est à Dieu. »

A la suite de ces témoignages inspirés, ouvrirons-nous
l'imposante série des dépositions de la foi et de la science
catholiques? Lisez alors dans l'immortelle Apologétique de
Tertullien la page qui consacre le respect, j'allais dire le
culte rendu à la personne de l'empereur, par les chrétiens
injustement poursuivis. Selon le précepte de saint Paul, ils
honorent le pouvoir, parce qu'ils voient briller en lui l'image
de Dieu, principe de tout pouvoir. — « Nous invoquons,
» dit-il, pour le salut des empereurs, le Dieu éternel, le
» Dieu véritable, le Dieu vivant, que les empereurs eux-
» mêmes aiment particulièrement à se rendre propice. Ils
» savent qui *leur a donné* l'Empire, leur qualité d'homme et
» la vie. Ils sentent très bien que c'est le *seul Dieu* sous

« la puissance duquel ils se trouvent.... César appartient à
» Celui à qui appartient le ciel et toute créature. Il est em-
» pereur par la même vertu qui l'a fait homme avant d'être
» César. La puissance lui vient d'où lui vient la vie..... Je
» ne le dirai pas Dieu . Le titre d'empereur doit lui suffire,
» titre bien glorieux *que Dieu* lui-même lui *a donné.* »

Tertullien, l'éloquent interprète de l'Eglise, en face de la
tyrannie, n'osait pas, ne voulait pas appeler Dieu César,
quelque puissant qu'il fût. C'eût été forfaire à la vérité et
à sa dignité; et pendant trois siècles les chrétiens rougiront
de leur sang les amphithéâtres et les tribunaux de l'Empire,
parce qu'ils n'auront pas voulu lancer au visage de César
cette flatterie méprisante : Vous êtes Dieu !

Et la Révolution, sans nul souci de la dignité humaine,
ne cesse de crier au peuple depuis bientôt un siècle : O
peuple, tu es Dieu, puisque tu es la source première du
pouvoir; tu es Dieu, car tu es la souveraineté !

Auguste, le fondateur de l'Empire romain, ne consentit
pas à ce qu'on l'appelât Seigneur (*Dominus*). C'était de la
bonne politique. — Malheur au peuple si, moins sage que
ce prince, il se laisse enivrer par la fumée de l'encens que
la Révolution brûle en son honneur. A bien des époques,
le peuple souverain a déjà fait l'expérience de ce que lui
valent ces flagorneries intéressées. — Nous reviendrons
bientôt sur ce sujet.

Et maintenant franchissons plusieurs siècles : Un génie
immortel illumine le moyen âge des splendeurs de son intelligence. J'ai nommé saint Thomas d'Aquin , l'Aristote
chrétien, le penseur merveilleux qui nous a légué ce mo-
nument grandiose de raison, de science et de foi qui s'appelle la *Somme théologique.* Or, le docteur des docteurs,
dans une partie de son ouvrage (2ª 2ª quest. 102, art. 1er),
nous expose en quelques mots la raison primordiale du

respect que nous devons professer à l'égard de l'autorité.
Il établit la hiérarchie de nos devoirs, sur la double base de
l'excellence des persounes constituées en dignité et des
bienfaits que nous en recevons.

Au sommet de cette hiérarchie du respect, Dieu, parce
qu'il est le *principe universel;* puis, dans la famille, le père,
principe secondaire de la naissance, de l'éducation et des
autres biens qui en découlent. Enfin, dans la société, les
autorités diverses, *principes* à leur tour de direction et de
gouvernement pour les besoins multiples de l'humanité.

Ainsi tout s'enchaîne dans l'ordre des puissances terres-
tres. Du premier principe de toutes choses dérive le pouvoir paternel dont il imite l'efficacité bienfaisante. Du pouvoir paternel découle le gouvernement politique qui est
une sorte de paternité. C'est toujours le commentaire de la
grande parole de l'Apôtre : « Il n'est pas d'autorité qui ne
vienne de Dieu. » — Et le peuple, loin d'être la source du
pouvoir, en est au contraire le terme où le *canal* en même
temps, à prendre l'opinion qui le favorise le plus.

Je terminerai ce rapide exposé de la doctrine catholique
par deux témoignages d'auteurs bien différents. Fénelon
(*Du gouvernement civil*) écrit : « La *nécessité absolue* qu'il
» y ait sur la terre quelque autorité suprême qui fasse des
» lois et qui en punisse le violement, est une preuve aussi
» convaincante que Dieu, *qui aime essentiellement l'ordre,*
» veut que son *autorité* soit confiée à quelques juges sou-
» verains, que s'il l'avait déclaré par une révélation expresse
» à tout le genre humain. »

Je ne produis pas le témoignage de notre Bossuet. On
sait qu'il a composé tout un livre sur la *Politique* tirée des
propres Paroles de l'Ecriture sainte.

Mais voici un langage peu suspect. Si l'impiété l'a tenu,
la force de la vérité l'a inspiré : «Les hommes n'eurent

» point d'abord d'autres rois que les dieux, ni d'autre gou-
» vernement que le théocratique.... Il faut une longue alté-
» ration de sentiments et d'idées pour qu'on puisse se ré-
» soudre à prendre son semblable pour maître et se flatter
» qu'on s'en trouvera bien. » (*Contrat social*, l. iv, ch. 8.)

Bien dit ! J.-J. Rousseau faisant ainsi le procès au dogme révolutionnaire de la souveraineté du peuple nous est particulièrement agréable.

Le droit divin ! Tel est le dogme catholique proclamé par le Verbe éternel, prêché par les apôtres, enseigné par les docteurs en face des bourreaux, comme au sein des splendeurs de la civilisation.

Le droit divin ! Telle est la vérité en politique dans la grave question de l'origine du pouvoir.

En effet, il consiste essentiellement dans le droit que Dieu possède, comme créateur et Providence, de gouverner les hommes constitués en nation, de les diriger vers leurs fins du temps et de l'éternité, c'est-à-dire à la possession de la vérité et de la justice éternelles, dans la tranquillité et la paix de l'ordre social.

En outre, nous avons constaté que ce droit inaliénable de Dieu s'exerce généralement par l'intermédiaire et en vue du peuple ; que c'est en personnifiant les intérêts et les droits de chacun que le souverain représente et personnifie l'autorité de Dieu. On voit, dès lors, ce que deviennent les divagations intéressées de nos politiqueurs contemporains ; ce qu'il faut penser de ce prétendu droit divin qui consacrerait à tout jamais, sans la participation de la nation au gouvernement de la chose publique, les caprices et la tyrannie de l'absolutisme autoritaire. Ils sont bien coupables ceux qui abusent ainsi de la simplicité des foules au profit de leurs ambitions !

Quant à la fameuse thèse de la séparation de l'Eglise et

de l'Etat, la notion bien comprise du droit divin donne les éléments d'une solution irréfragable.

L'Eglise, dépositaire et interprète de la vérité, constitue l'indispensable fondement de l'Etat. — Comment séparer l'édifice de sa base ? L'Eglise a pour mission particulière de conduire les peuples à leur destinée surnaturelle, en prenant pour auxiliaire l'Etat chargé de procurer à tous l'ordre et la sécurité. — Comment et pourquoi séparer deux fins subordonnées l'une à l'autre, deux agents unis par des relations hiérarchiques ?

Le droit divin ! Telle est la condition de la dignité de l'obéissance aux pouvoirs établis. En le répudiant, l'homme tombe dans cette dégradante aberration dont nous a parlé Rousseau : de prendre pour maître son semblable.

Le droit divin ! Telle est la garantie de la sécurité publique et privée. Otez au pouvoir le frein de l'idée divine, et ce même Rousseau, interprétant l'histoire en un moment de sincérité, vous demandera si le monde s'en trouvera bien.

§ III

La souveraineté du peuple condamnée par l'histoire. - Conclusions.

Qu'il me soit permis à mon tour de faire intervenir l'histoire dans ce grave débat de l'origine du pouvoir. Est-elle pour ou contre le droit divin en politique ? Est-elle pour ou contre la souveraineté du peuple ? — Cet examen serait à lui seul la matière d'un important ouvrage. Le lecteur comprendra que je ne puis que toucher aux questions qu'il soulève.

L'histoire, impartiellement consultée, apporte, en faveur du droit divin et contre la souveraineté du peuple, trois genres de témoignages : des écrits, des constitutions et des faits. Les constitutions confirment les écrits, et les faits, les constitutions.

Les écrits sont l'universel et fidèle écho des traditions; les constitutions réalisent l'idée divine ; les faits la justifient ou la vengent pour le bonheur ou le malheur des peuples, suivant qu'ils adoptent ou rejettent cette idée.

Berceau et patrie des nations qui ont peuplé la terre, tout d'abord l'Asie doit attirer nos regards.

Au premier chef, se distingue un peuple dont l'historien vécut plus de mille ans avant Hérodote, le père de l'histoire profane. Nommer Moïse, c'est proclamer l'annaliste du monde que Dieu éclaire, le conducteur du peuple Hébreu que Dieu autorise par des œuvres de puissance, le législateur sublime que Dieu inspire ; nommer Moïse, c'est révéler l'incarnation de l'idée divine dans le gouvernement humain.

Tout le monde est d'accord sur ce point. Les écrits de ce grand homme ne sont, pour ainsi dire, qu'un vaste traité du *droit divin;* ce droit prenant sa source dans la création du monde et de l'homme, confirmé par la rédemption future, consommé enfin par le règne de Dieu dans la gloire éternelle en participation de laquelle est appelée l'humanité.

Au point de vue particulier du gouvernement judaïque, tous les monuments, toutes les traditions, constatent qu'il est le développement de l'action dominatrice de Dieu sur l'homme constitué en nation, comme le régime patriarcal était le règne de Dieu sur l'homme constitué en famille. Ce royaume est un royaume purement théocratique, soumis au sacerdoce (Exode 19, 6). Après l'ère des Juges, magistrats extraordinaires *suscités de Dieu*, Israël, voulant imiter l'exemple des nations voisines, demande un roi. Dieu le lui accorde à regret, parce que le règne de l'homme, si parfait qu'on le suppose, ne vaudra jamais la perfection du règne de Dieu.

Toutefois, il est bien entendu que si l'homme gouverne, c'est toujours par la puissance et au nom du Seigneur, seul maître, seul monarque des hommes. Aussi bien se réserve-t-il l'élection du roi quand le temps sera venu. « Tu éta-» bliras sur toi pour être roi celui que l'Eternel ton Dieu » aura choisi (1); » — et sa déposition, si le monarque n'observe pas la loi dont le grand-prêtre est le gardien et l'interprète. Quant au peuple, mille prospérités lui sont promises s'il se montre saintement jaloux des *droits de Dieu*. Au contraire, il devra s'attendre à toutes sortes d'épreuves, s'il oublie ses devoirs pour élever contre le droit divin d'audacieuses prétentions.

Ces promesses et ces menaces réalisées constituent comme le fond de l'histoire du peuple Hébreu.

Il nous serait facile, si nous ne craignions pas d'être trop long, de corroborer le témoignage de Moïse par celui des historiens de l'antiquité profane. Diodore de Sicile (*Fragments*, liv. 40) nous raconterait comment « Moïse, homme » supérieur par son courage et sa prudence, enseigna aux » Juifs le culte de la divinité et constitua leur gouverne-» ment, fit des prêtres qu'il institua juges des plus grandes » affaires et *gardiens des lois* et des mœurs. » — « Moïse » rapportait au peuple les paroles qu'il avait entendues de » la bouche de Dieu même. » (*Ibid.*)

Nous entendrions le célèbre Josèphe, dans son deuxième livre contre Appion, déclarer explicitement que « leur lé-

---

(1) Deutéronome. 17.

» gislateur a établi une société politique que l'on peut
» appeler théocratie ou gouvernement de Dieu, parce que
» la souveraineté et le pouvoir y sont réservés à Dieu seul. »

Agrippa, roi des Juifs, écrit à Caligula : « Nos ancêtres
» ne plaçaient la royauté qu'après le sacerdoce, persuadés
» qu'autant Dieu est élevé au-dessus des hommes, autant
» le Souverain Pontificat l'est au-dessus de l'Empire. »

Notons, pour terminer cette esquisse à peine ébauchée
du gouvernement politique des Hébreux, une réflexion de
Justin, l'abréviateur de Trogue Pompée. « Il est inconce-
» vable, écrit-il, combien la justice et la religion unies en-
» semble leur servirent à se rendre puissants. »

Pour ce qui concerne les autres parties de l'Asie, nous
pourrions nous contenter de l'appréciation générale qui
suit, émanée d'un savant dont on n'a pas le droit de récuser
le témoignage. « L'idée de la religion, dit M. Cousin (le-
çon 2ᵉ), est comme l'idée centrale de l'Orient : arts, Etat,
» industrie, tout s'est formé autour de la religion, par la
» religion. L'Etat est une *théocratie avouée ;* toutes les lois
» civiles et politiques *sont en même temps des lois religieu-*
» *ses,* etc. »

Les principes politiques rédigés en Chine par le sage
Confucius, fondateur de cet immense empire, confirment
ces données. On lit dans les Kings ou livres sacrés : « Le
» trône est la place du ciel. — Du ciel viennent les neuf
» règles du gouvernement. — Les lois sont les ordres du
» ciel. — Toutes les fonctions publiques sont des commis-
» sions du ciel, etc. »

Au Japon, jusqu'au xviᵉ siècle, les deux autorités civile
et religieuse étaient réunies sur la tête du Daïro ou Pontife
suprême. Depuis cette époque, les deux puissances sont
séparées, mais l'empereur séculier est obligé de *rendre à*

l'autre une sorte d'hommage, comme s'il ne gouvernait qu'en qualité de son lieutenant ou vice-roi.

Au Thibet, le grand-prêtre ou Dalaïlama possède un royaume indépendant. Les rois ne montent sur le trône qu'après avoir reçu sa bénédiction.

L'empire de Mahomet professait les mêmes croyances politiques. L'imposteur se disait prophète de Dieu. Les califes, ses successeurs, furent des Pontifes-Rois. Plus tard, ils donnèrent l'investiture aux princes mahométants. Le mufti, souvenir bien amoindri du califat, dépose encore le sultan et signe les décrets pour la guerre et pour la paix.

Quittons l'Asie, peuplée par la race de Sem, pour l'Europe, où s'est jetée la race audacieuse de Japhet.

En Grèce, vers la fin du v⁰ siècle avant Jésus-Christ, dans cette presqu'île que baignent les flots azurés de plusieurs mers, que les feux combinés de l'Orient et du Midi inondent de clartés, florissait une magnifique intelligence, unissant aux élans de la poésie et de l'éloquence, les spéculations de la métaphysique. J'ai nommé le divin Platon, le plus illustre des disciples de Socrate.

Or voici, d'après le résumé qu'en fait Rohrbacher dans son *Histoire de l'Eglise universelle* (T. I, liv. 7 et 9), les principes fondamentaux de son *Traité de la société politique* et de son *Traité des lois :*

« Ce n'est pas un homme, *mais Dieu* qui peut fonder une
» législation... Jamais homme n'a fait de lois, à proprement
» parler. C'est la fortune ou les circonstances qui les font;
» ou plutôt Dieu qui, en gouvernant tout l'univers, gou-
» verne en particulier toutes les choses humaines par les
» circonstances et la fortune.... Il faut donc tâcher, par
» tous les moyens imaginables, d'imiter le régime primitif
» (théocratique) et, nous confiant en ce qu'il y a d'immor-
» tel dans l'homme, nous *devons fonder les maisons ainsi*

» que les Etats, en consacrant comme des lois les volontés de » l'intelligence souveraine. Sans cela, il ne reste aucun moyen » de salut. »

Que nos théoriciens modernes me font pitié avec leur mesquin système des droits premiers de l'homme au gouvernement politique, à la fondation des Etats !

Ont-ils assez crié, ont-ils assez protesté contre le moyen âge qui a osé suivre le conseil donné par un des princes de la philosophie grecque, cinq siècles avant l'ère chrétienne. Tout le crime de cette époque *barbare* fut, en effet, de revenir au *régime primitif* et d'établir l'état politique, en *consacrant comme des lois les volontés de l'intelligence suprême*, Jésus-Christ, Verbe de Dieu, raison souveraine des choses.

Nos ancêtres pensaient, comme Platon, que c'était pour les sociétés une condition de stabilité et de salut.

Nos fortes têtes révolutionnaires, méprisant toutes les traditions et les enseignements de la philosophie antique à laquelle ils se croient modestement supérieurs, proclament bien haut que cette théorie est celle de l'abrutissement des peuples et la cause première de leurs malheurs. Ils disent ces inepties avec tant d'assurance qu'ils finissent par se donner, devant les foules trop faciles à se laisser tromper, les airs de la conviction et de la vérité.

Voici chez le peuple-roi le prince des orateurs. Cicéron, qui vient à son tour déposer en faveur du droit divin. « Nos ancêtres, dit-il, gouvernaient la République par l'au- » torité des observances religieuses.... Où la *loi divine*, la » droite raison du Dieu suprême, est *méconnue* par la ty- » rannie d'un, de plusieurs ou de la multitude, *non-seule-* » *ment la société politique est vicieuse, mais il n'y a plus* » *même de société. Cela est encore plus vrai d'une démo-*

» *cratie que de tout autre gouvernement.* » (*De Repub.* I. 3, n° 25.)

Je prie nos démocrates d'oublier un instant la légèreté d'esprit qui les caractérise, pour méditer cette réflexion du grand orateur romain.

Avant de consulter la France de nos aïeux, rappelons que, selon le témoignage de Tacite, de César, de Strabon, etc., les Gaulois, les Germains et les Bretons, qui composent le fond de la population européenne, formaient comme une vaste théocratie sous l'autorité d'un pontife suprême, le chef des druides. (Extrait de l'*Histoire universelle* de Rohrbacher, t. 1, l. 7, 9.)

Notons encore que l'histoire des civilisations grecque et romaine suit pas à pas les phases des croyances religieuses de ces deux grands peuples. Elles s'épanouissent au souffle de l'idée divine, et leur décadence commence du jour où l'athéisme et le scepticisme firent leur apparition dans les écoles philosophiques. Dès ce moment, Rome et Athènes mûrissaient pour la conquête et la servitude.

Il est temps d'interroger enfin les annales de la patrie, de demander à notre France ce qu'elle pensait du droit divin avant la perturbation de la fin du dernier siècle.

On a dit avec raison que la France était née d'un acte de foi de Clovis sur un champ de bataille. Depuis ce jour mémorable où l'étendard du Christ, reconnu comme vrai Dieu en face de l'univers arien, nous apportait la victoire, la France méritait le titre de Royaume très chrétien. Baptisée par saint Rémy; formée par les évêques comme une ruche l'est par les abeilles; glorifiée par la piété et la valeur de Charlemagne qui s'intitulait l'évêque du dehors, elle se disposait à l'accomplissement d'une autre partie de sa mission providentielle. La race héroïque des Pepin en fit le soutien

et le libérateur de la papauté, par la constitution ou l'affer-
missement du pouvoir temporel.

L'indépendance du Saint-Siége, activement défendue par
nos rois non moins que par le génie politique et l'invinci-
ble courage de pontifes, tels que Grégoire VII, Alexan-
dre III, Innocent III, réalisa dans l'Europe, convertie à la
foi chrétienne, un vaste système théocratique. La papauté,
interprète et incarnation de la loi du Christ, devenait ainsi
le lien, le centre, la base en même temps des Etats euro-
péens.

Entre tous, la France se distingua par son zèle à entrer
dans cette voie que saint Louis devait parcourir avec tant
de gloire, de piété et d'héroïsme.

Nommer Louis IX, c'est rappeler le souvenir le plus glorieux de ce mouvement grandiose qui précipita l'Occident
contre l'islamisme, mouvement qui prit naissance au cœur
de notre patrie. Les croisades, sublime manifestation de foi,
de courage, de générosité, accusaient dans la société de
cette époque une surabondance de vie morale qui fera à
tout jamais l'étonnement des siècles postérieurs. Or, cette
race de géants célébrés par le Tasse, c'est le droit divin qui
l'avait produite ; cette civilisation de chevaliers, de moines
militaires, de rois légendaires ; cette grandeur d'âme, cette
noblesse de caractère, cette simplicité sublime, tout cela
n'était qu'une efflorescence du droit divin adopté comme
fondement de l'Etat politique. — Et ce droit divin et cette
politique chrétienne, notre patrie en fut toujours l'ardent
apôtre ; bientôt elle dut en être le soldat.

Une violente réaction ne tarda pas à s'organiser contre
la suprématie pontificale. La prétendue réforme du xvie siècle, utilisant les germes de division qu'avait partout répan-
dus le grand schisme du siècle précédent, donna à cette
réaction sa direction et sa forme. Le droit divin fut entamé

et plus tard détrôné par le droit de la raison. L'Etat ressentit une secousse violente : c'était le souffle de l'indépendance qui passait comme passe sur les caravanes douloureusement surprises, le vent du désert. La Ligue, à son tour, réagit en faveur du droit divin menacé. — Quoi qu'on ait écrit ou dit d'ailleurs, ce furent là sa mission et son résultat providentiels.

Toutefois l'impulsion était donnée ; l'esprit de libre examen, un moment comprimé au sein des splendeurs du règne de Louis XIV, reprit sa marche progressive. Déjà, même à cette époque, l'Aigle de Meaux dénonçait à l'horizon comme un nuage qui présageait la tempête ; déjà, prêtant une oreille inquiète, il saisissait des bruits lointains, étranges et sinistres, quelque chose comme les grondements sourds du tonnerre. Le bruit orageux s'accentua à travers les orgies de la Régence et finalement éclata, semblable à la foudre qui déracine, renverse et tue. L'heure de la grande Révolution venait de sonner. 93 fut l'application logique des *immortels principes* de 89. La raison triomphait à la place de la foi ; non, certes, cette raison souveraine d'où Cicéron faisait dériver toute loi, mais la raison infirme de l'homme, assez folle dans son infirmité pour vouloir détrôner Dieu. On en était arrivé à cette longue *altération d'idées* et de sentiments qui, d'après Rousseau, fait décider l'homme à prendre son semblable pour maître. Si la France s'en est bien trouvée, c'est ce à quoi l'histoire a déjà répondu.

Le droit divin était donc aboli et la souveraineté du peuple proclamée. O peuple souverain ! Comment pourrais-je oublier que pour sacrer ton front royal, la Révolution le plongea dans une mare de sang ? Comment ne me souviendrais-je pas que cette révolution, au nom des droits de l'homme, te donna pour protecteur, pour ami et pour père, un Marat ! Marat qui demandait, pour apaiser sa soif de sang humain, un holocauste de 400,000 têtes ! Marat qu'une ardente amie des Girondins régicides regardait comme un monstre dont il fallait purger la terre !

Et dire que cette horrible figure de tigre fut couronnée de roses par les mains de ce peuple qu'il égorgeait sans pitié ! O délire des passions politiques ! O lâcheté ! O peur ignoble de l'homme souverain ! O terribles représailles de la justice divine, qui n'a qu'à se retirer de la société d'où elle est chassée, pour que le monde devienne aussitôt un repaire de bêtes féroces se dévorant les unes les autres !

Je sais, et notre siècle en a été témoin, je sais que l'idée révolutionnaire a trouvé des panégyristes assez légers ou malicieux pour excuser, sinon les faits, au moins les intentions et les résultats derniers. C'est ainsi qu'on familiarise le peuple avec le pillage, l'incendie, l'assassinat et le meurtre, au nom et en faveur d'une idée. Et quelle idée? L'exclusion de Dieu du gouvernement politique ! Or, l'athéisme gouvernemental, nous venons de le voir solennellement condamné par la voix de l'histoire. Oui, le droit divin est le dogme primitif révélé de Dieu à l'humanité, quand elle dut se constituer en nations éparses sur la terre.

Nous avons pour garants de cette révélation les caractères mêmes de la vérité, c'est-à-dire l'universalité, la perpétuité, l'antiquité de la croyance populaire. Et ce dogme politique a reçu par Jésus-Christ, vrai Dieu et vrai homme, sa dernière consécration.

Il est temps de conclure. La France n'a de salut que dans le retour sincère au droit divin, reconnu comme base de tout gouvernement. Lui seul légitime et affermit l'autorité ; lui seul honore et maintient l'obéissance. La proclamation de cette vérité première dans l'ordre politique est, du reste, un hommage public rendu au Père des nations ; et cet hommage est de nature à attirer la protection du ciel, si nécessaire à la vie des sociétés.

La reconnaissance de ce droit est un acte de justice, et nous savons, par un oracle divin non moins que par l'expérience de l'histoire, que la justice élève les nations, tandis que l'iniquité les rend malheureuses. (*Prov.* 14.)

Mais le droit divin, depuis l'apparition du Christ sur la terre, a une forme déterminée : c'est le christianisme. Le christianisme lui-même, dans toute son intégrité, a son expression et sa forme authentiques : c'est le catholicisme.

Le catholicisme, enfin, se résume dans la papauté, qui est son fondement, son centre d'unité et son couronnement « Là, où est Pierre, disait avec une concision profonde » saint Ambroise, là est l'Eglise. » (*In Psalmos*, 40.) Et nous ajoutons avec la tradition catholique : Là où est l'Eglise, là est Jésus-Christ ; où est Jésus-Christ, là se trouve l'ordre social, puisque étant Dieu, il est par cela même l'Auteur, le Principe premier de tout ordre.

Ces vérités sont de tous les empires ; car elles sont la *vérité* qui ne connaît pas de frontières. La passion ou l'ignorance seules les méconnaissent ; mais la passion est guérissable et l'ignorance est vincible.

En particulier, elles constituent l'apanage de la France. La France et le catholicisme ne font qu'un ; et c'est la gloire de notre patrie d'avoir uni ses destinées aux destinées de la vérité.

CONCLUSION DERNIÈRE. — La pierre sur laquelle le Christ a bâti son Eglise est donc la pierre angulaire, la clef de voûte de l'édifice social. La papauté demeure et demeurera à tout jamais l'expression autorisée, sociale et historique du droit divin.

Consolider, étendre l'action du pouvoir pontifical directement émané du pouvoir royal de Jésus-Christ, c'est donc la grande, la souveraine politique : la politique de la vérité, du droit, de la liberté véritable, du progrès réel, de la civilisation saine et durable ; en un mot, la politique de la vie sociale, car le Christ est tout cela.

Et au contraire, restreindre, anéantir son influence protectrice, en gênant ou en supprimant sa liberté d'action, c'est plaider la cause de la Révolution, favoriser l'athéisme social, et finalement mener le monde à la tyrannie ou à l'anarchie ; à la honte ou à la mort.

Il est raconté dans l'Exode (ch. 16) qu'après avoir défait Amalec, Moïse érigea un autel au Seigneur en reconnaissance de la victoire remportée, et que cet autel, il le nomma : L'Eternel est mon étendard.

Pour vaincre les ennemis du dedans et du dehors, que la France lève, comme une profession de foi, l'étendard du droit divin ! Qu'elle crie à tous les peuples de la terre : L'Eternel est mon étendard ! — Ce sera le gage certain de sa victoire avant d'être l'hommage de sa reconnaissance.